1 読みがなを書こう
きゅう食の時間

① 今日《きょう》のパンは、ライ麦パンです。

（　　）

② 鳥（あ）の肉《にく》はおいしくて体によいので、まさに一石二鳥（い）だ。

あ（　　）　い（　　）

③ 牛（あ）にゅうパックに牛（い）のイラスト。

あ（　　）　い（　　）

④ 一風（あ）かわった野さい（い）のおかず。

あ（　　）　い（　　）

⑤ きゅう食《しょく》中に、雨風が強《つよ》くなる。

（　　）

⑥ もち麦入りのごはん。

（　　）

⑦ 野原できゅう食を食《た》べてみたい。

（　　）

かん字を書こう

1 きゅう食の時間

① 今日《きょう》のパンは、ライむぎパンです。

② とりの肉《にく》はおいしくて体によいので、まさにいっせきにちょうだ。

あ　い

③ ぎゅうにゅうパックにうしのイラスト。

あ　い

④ いっぷうかわったやさいのおかず。

あ　い

⑤ きゅう食《しょく》中に、あめかぜが強《つよ》くなる。

⑥ もちむぎ入りのごはん。

⑦ のはらできゅう食を食《た》べてみたい。

ミニ字てん

1 きゅう食の時間

牛

音 ギュウ

くん うし

プラス！

牛肉《ぎゅうにく》、牛馬《ぎゅうば》、水牛、子牛、牛の歩《あゆ》み

鳥

音 チョウ

くん とり

プラス！

白鳥、野鳥、小鳥、鳥かご、わたり鳥

麦

音 ―

くん むぎ

プラス！

大麦、小麦、麦茶《むぎちゃ》

野

音 ヤ

くん の

プラス！

分野《ぶんや》、山野、野外《やがい》、野犬、野《の》道《みち》、野山

風

音 フウ

くん かぜ かざ

プラス！

台風《たいふう》、風船《ふうせん》、風力、風上、北風《きたかぜ》、風車

読みがなを書こう

2 きせつのきゅう食

① 冬《ふゆ》にけい肉チャウダーをのんだ。

（　　）

② 春のデザートはさくらもち。

（　　）

③ 新春(あ)は黒(い)まめとだてまき。

(あ)（　　）　(い)（　　）

④ 黒(あ)とうパンは色(い)が黒(う)くてあまい。

(あ)（　　）　(い)（　　）　(う)（　　）

⑤ しょ夏(あ)に夏野《や》(い)さいカレーを食《た》べた。

(あ)（　　）　(い)（　　）

⑥ 夏(あ)のスタミナ、やき肉(い)どんぶり。

(あ)（　　）　(い)（　　）

⑦ 秋《あき》は五色のカラフルなにもの。

（　　）

⑧ 春さめスープにたまごが入っていた。

（　　）

かん字を書こう

2 きせつのきゅう食

① 冬《ふゆ》にけいにくチャウダーをのんだ。

〔　　〕

② はるのデザートはさくらもち。

〔　　〕

③ しんしゅんはくろまめとだてまき。

あ〔　　〕 い〔　　〕

④ こくとうパンはいろがくろくてあまい。

あ〔　　〕 い〔　　〕 う〔　　〕

⑤ しょかになつ野《や》さいカレーを食《た》べた。

あ〔　　〕 い〔　　〕

⑥ なつのスタミナ、やきにくどんぶり。

あ〔　　〕 い〔　　〕

⑦ 秋《あき》はごしょくのカラフルなにもの。

〔　　〕

⑧ はるさめスープにたまごが入っていた。

〔　　〕

ミニ字てん

2 きせつのきゅう食

黒

音 コク

くん くろ　くろい

プラス！
うたがわしいことのいみもある。

春

音 シュン

くん はる

プラス！
春分《しゅんぶん》、青春、早春、立春、春一番《はるいちばん》、春風《はるかぜ》

肉

音 ニク

くん ―

プラス！
牛肉《ぎゅうにく》、鳥肉《とりにく》、肉食《にくしょく》、肉親《にくしん》、肉体《にくたい》、生肉

夏

音 カ

くん なつ

プラス！
立夏、夏休み、とんで火に入る夏の虫

色

音 ショク　シキ

くん いろ

プラス！
十二色、音色、色紙（シキシ、いろがみ）

読みがなを書こう

3 せかいのきゅう食

① 高野(あ)どうふを食(い)べた。

(あ)（　　）　(い)（　　）

② イタリアのあげ魚のレモン風《ふう》み。

（　　）

③ 南国《なんごく》フルーツのもり合わせ。

（　　）

④ 食パンの日は、ジャムがついている。

（　　）

⑤ 今日《きょう》は米国（アメリカ）のメニュー。

（　　）

⑥ 米(あ)は一合(い)でやく百五十グラム。

(あ)（　　）　(い)（　　）

⑦ 魚(あ)かいるいのパエリアを食(い)べた。

(あ)（　　）　(い)（　　）

⑧ せが高い木からとれたバナナ。

（　　）

かん字を書こう

3 せかいのきゅう食

① (あ)こうやどうふを(い)たべた。

(あ)

(い)

② イタリアのあげざかなのレモン風《ふう》み。

③ 南国《なんごく》フルーツのもりあわせ。

④ しょくパンの日は、ジャムがついている。

⑤ 今日《きょう》はべいこく(アメリカ)のメニュー。

⑥ (あ)こめは(い)いちごうでやく百五十グラム。

(あ)

(い)

⑦ (あ)ぎょかいるいのパエリアを(い)たべた。

(あ)

(い)

⑧ せがたかい木からとれたバナナ。

ミニ字てん

3 せかいのきゅう食

合

音
ゴウ
ガッ
カッ

くん
あ**う**
あ**わす**
あ**わせる**

プラス！
合体《がったい》、合計《ごうけい》、
答《こた》え合わせ

魚

音
ギョ

くん
うお
さかな

プラス！
金魚、小魚、
水をえた魚

高

音
コウ

くん
たか**い**
たか
たか**まる**
たか**める**

プラス！
高原《こうげん》、高校、高台《たかだい》、
高空（コウクウ、たかぞら）

米

音
ベイ
マイ

くん
こめ

プラス！
米作《べいさく》、新米《しんまい》、白米、
米つぶ、もち米

食

音
ショク

くん
く**う**
た**べる**

プラス！
食後《しょくご》、昼食《ちゅうしょく》、朝食《ちょうしょく》、
夕食、食べもの

読みがなを書こう

4 みんなできゅう食

①親子どんをおかわりした。

②親切な友《とも》だちがはこんでくれた。

③先生がつくえの間《あいだ》を回ってくばる。

④東京のきゅう食《しょく》。

⑤手作りのふりかけをかける。

⑥おかわりの回数がきまっている。

⑦東の校しゃまで二人ではこぶ。

⑧きゅう食のようすを作文に書《か》いた。

かん字を書こう

4 みんなできゅう食

① おやこどんをおかわりした。

② しんせつな友《とも》だちがはこんでくれた。

③ 先生がつくえの間《あいだ》をまわってくばる。

④ とうきょうのきゅう食《しょく》。

⑤ てづくりのふりかけをかける。

⑥ おかわりのかいすうがきまっている。

⑦ ひがしの校しゃまで二人ではこぶ。

⑧ きゅう食のようすをさくぶんに書《か》いた。

ミニ字てん

4 みんなできゅう食

東

音 トウ

くん ひがし

プラス！

東北《とうほく》、北東、東の空

回

音 カイ

くん まわ**る** まわ**す**

プラス！

十回、回答《かいとう》、回り道《みち》

親

音 シン

くん おや した**しい** した**しむ**

プラス！

親友《しんゆう》、肉親《にくしん》、親心《おやごころ》、親の心子知《し》らず

作

音 サク サ

くん つく**る**

プラス！

工作《こうさく》、作家《さっか》、作図《さくず》、作中、声《こえ》を作る

京

音 キョウ

くん ―

プラス！

「みやこ」といういみ。上京、帰京《ききょう》、京ぞめ

5 わ食のきゅう食

読みがなを書こう

① 町内でとれたシメジ。（　　　）

② まっ茶プリンはあまくておいしい。（　　　）

③ 校門《こうもん》の内（あ）がわでお茶（い）をのんだ。
（あ）（　　　）　（い）（　　　）

④ りょう理しゅがつかわれている。（　　　）

⑤ みそをつけて食《た》べるナスの田楽。（　　　）

⑥ きゅう食《しょく》の時間《じかん》は楽しい。（　　　）

⑦ 海のさちのみそしるを食べた。（　　　）

⑧ ワカメは、海そうです。（　　　）

かん字を書こう

5 わ食のきゅう食

① ちょうないでとれたシメジ。

② まっちゃプリンはあまくておいしい。

③ 校門《こうもん》のうち(あ)がわでおちゃ(い)をのんだ。

(あ)

(い)

④ りょうりしゅがつかわれている。

⑤ みそをつけて食《た》べるナスのでんがく。

⑥ きゅう食《しょく》の時間《じかん》はたのしい。

⑦ うみのさちのみそしるを食べた。

⑧ ワカメは、かいそうです。

ミニ字てん

5 わ食のきゅう食

理

音　リ

くん　―

プラス！

一理ある、合理《ごうり》、心理《しんり》、理科、理学

茶

音　チャ

くん　―

プラス！

こう茶、新茶《しんちゃ》、茶色《ちゃいろ》

内

音　ナイ

くん　うち

プラス！

校内、国内《こくない》、内科《ないか》、内外《ないがい》、内気、手の内

海

音　カイ

くん　うみ

プラス！

海水、日本海、青い海、黒海《こっかい》

楽

音　ガク　ラク

くん　たの**しい**　たの**しむ**

プラス！

音楽、千秋楽《せんしゅうらく》、楽園《らくえん》

6 読みがなを書こう

今日の夜ごはんはおすし！

① 今夜、家《か》ぞくでおすしを食《た》べる。

（　）

② 父(あ)が見つけたすしやに行(い)った。

あ（　）　い（　）

③ さい近(あ)、近(い)くにできた回《かい》てんずし。

あ（　）　い（　）

④ 大きな道《みち》ぞいにあるそのお店。

（　）

⑤ 店内(あ)から外《そと》まで長《なが》い行(い)れつ。

あ（　）　い（　）

⑥ 父母は、本マグロをたのんだ。

（　）

⑦ 今だけげんていの大トロ。

（　）

⑧ お父さんはビールをちゅうもん。

（　）

かん字を書こう

6 今日の夜ごはんはおすし！

① こんや、家《か》ぞくでおすしを食《た》べる。

② ちち(あ)が見つけたすしやにいった(い)。

③ さいきん(あ)、ちかく(い)にできた回《かい》てんずし。

④ 大きな道《みち》ぞいにあるそのおみせ。

⑤ てんない(あ)から外《そと》まで長《なが》いぎょうれつ(い)。

⑥ ふぼは、本マグロをたのんだ。

⑦ いまだけげんていの大トロ。

⑧ おとうさんはビールをちゅうもん。

ミニ字てん

6 今日の夜ごはんはおすし！

行

音 コウ ギョウ

くん いく ゆく おこなう

プラス！
カラスの行水、行楽《こうらく》、先行、日ごろの行い

父

音 フ

くん ちち

プラス！
父子、父親《ちちおや》、父方《ちちかた》

今

音 コン

くん いま

プラス！
今後《こんご》、今時《いまどき》、今や、今日（コンニチ、きょう）

店

音 テン

くん みせ

プラス！
書店《しょてん》、売店《ばいてん》、店先、夜店《よみせ》、店をたたむ

近

音 キン

くん ちかい

プラス！
近海《きんかい》、近年、近ごろ、近道《ちかみち》

読みがなを書こう

7 おすしは何を食べようかな？

① 母は、日本海《にほんかい》のイカを食《た》べた。

② 姉はタイの三かんもり。

③ 兄は、サバをたのんだ。

④ 弟は、てっかまきがすき。

⑤ 妹は、赤エビのワサビぬき。

⑥ 父《ちち》の母国から来《き》たサーモン。

⑦ 兄弟そろって、ガリがにがて。

⑧ 姉ⓐと妹ⓘは、パフェもたのんだ。

ⓐ（　　）ⓘ（　　）

かん字を書こう

7 おすしは何を食べようかな？

① ははは、日本海《にほんかい》のイカを食《た》べた。

② あねはタイの三かんもり。

③ あには、サバをたのんだ。

④ おとうとは、てっかまきがすき。

⑤ いもうとは、赤エビのワサビぬき。

⑥ 父《ちち》のぼこくから来《き》たサーモン。

⑦ きょうだいそろって、ガリがにがて。

⑧ あね(あ)といもうと(い)は、パフェもたのんだ。

あ

い

ミニ字てん

7 おすしは何を食べようかな？

兄

音　キョウ
くん　あに

プラス！
兄（にい）さん、
兄の日は六月六日

姉

音　――
くん　あね

プラス！
姉（ねえ）さん、
姉の日は十二月六日

母

音　ボ
くん　はは

プラス！
分母《ぶんぼ》、母音、母数《ぼすう》、
母上、母親《ははおや》

妹

音　――
くん　いもうと

プラス！
妹の日は九月六日

弟

音　ダイ
くん　おとうと

プラス！
弟の日は三月六日

8 読みがなを書こう おすしのメニュー

① 数の子がのっているおすし。

② びん長マグロは人気がある。

③ 北海道のおいしいカニ。

④ 北国からのおくりもの、ホタテ。

⑤ 新作はアボカドサーモン。

⑥ あなごの一本にぎりはとても長い。

⑦ 道《みち》のえきで数回おすしを買《か》った。

⑧ 新しいメニューを考《かんが》える。

かん字を書こう

8 おすしのメニュー

① かずの子がのっているおすし。

② びんちょうマグロは人気がある。

③ ほっかいどうのおいしいカニ。

④ きたぐにからのおくりもの、ホタテ。

⑤ しんさくはアボカドサーモン。

⑥ あなごの一本にぎりはとてもながい。

⑦ 道《みち》のえきですうかいおすしを買《か》った。

⑧ あたらしいメニューを考《かんが》える。

8 ミニ字てん

おすしのメニュー

北

音 ホク

くん きた

プラス！

南北《なんぼく》、北上、北風《きたかぜ》

長

音 チョウ

くん なが**い**

プラス！

会長《かいちょう》、校長先生、体長《たいちょう》、長生き

数

音 スウ

くん かず、かぞ**える**

プラス！

算数《さんすう》、数字、数日、口数、数え歌《うた》

新

音 シン

くん あたら**しい**、あら**た**、にい

プラス！

一新、新人、新天地、新年、新聞紙《しんぶんし》

道

音 ドウ

くん みち

プラス！

国道《こくどう》、小道、地下道《ちかどう》、帰《かえ》り道、近道《ちかみち》、道草

9 読みがなを書こう
すしやのサイドメニュー

① 土曜日はタイのさしみがやすい。

（　　　）

② カレイの西京づけ。

（　　　）

③ ㋐馬さしとは、㋑馬の生肉《なまにく》のうす切《ぎ》り。

㋐（　　　）　㋑（　　　）

④ 活魚の海《かい》せんどん。

（　　　）

⑤ 朝にとれた新《しん》せんなさしみ。

（　　　）

⑥ おすしの朝食をはじめた。

（　　　）

⑦ 西日本のフグをからあげにする。

（　　　）

⑧ 日曜日は、茶《ちゃ》わんむしがおとく。

（　　　）

かん字を書こう

9 すしやのサイドメニュー

① どようびはタイのさしみがやすい。

② カレイのさいきょうづけ。

③ ㋐ばさしとは、㋑うまの生肉《なまにく》のうす切《ぎ》り。

㋐

㋑

④ かつぎょの海《かい》せんどん。

⑤ あさにとれた新《しん》せんなさしみ。

⑥ おすしのちょうしょくをはじめた。

⑦ にしにほんのフグをからあげにする。

⑧ にちようびは、茶《ちゃ》わんむしがおとく。

ミニ字てん

9 すしやのサイドメニュー

馬

音 バ

くん うま、ま*

プラス！

出馬、白馬、馬車、名馬、木馬、竹馬

西

音 セイ、サイ

くん にし

プラス！

西国《さいごく》、西方《さいほう》、北西《ほくせい》、西の空、西日

曜

音 ヨウ

くん ―

プラス！

月曜日、火曜日、水曜日、木曜日、金曜日

朝

音 チョウ

くん あさ

プラス！

早朝、朝方《あさがた》、朝日、毎朝《まいあさ》、今朝（けさ）

活

音 カツ

くん ―

プラス！

活気、活字、活力、自活《じかつ》、食生活《しょくせいかつ》、生活

10 読みがなを書こう
日本の秋と冬にとれるもの

① ムラサキウニの中みは黄土色。

② 大地のめぐみ、サツマイモ。

③ 秋分の日は、おはぎを食《た》べる。

④ この国（あ）の秋（い）はサンマがおいしい。

（あ）

（い）

⑤ 冬にとれるブリはぜっぴんだ。

⑥ 冬じの日は、ゆずとカボチャ。

⑦ くりのグラッセは黄色だ。

⑧ 天国の母《はは》にみかんのおそなえ。

かん字を書こう

10 日本の秋と冬にとれるもの

① ムラサキウニの中みはおうどいろ。

② だいちのめぐみ、サツマイモ。

③ しゅうぶんの日は、おはぎを食《た》べる。

④ このくに(あ)のあき(い)はサンマがおいしい。

(あ)

(い)

⑤ ふゆにとれるブリはぜっぴんだ。

⑥ とうじの日は、ゆずとカボチャ。

⑦ くりのグラッセはきいろだ。

⑧ てんごくの母《はは》にみかんのおそなえ。

ミニ字てん

10 日本の秋と冬にとれるもの

秋

くん あき

音 シュウ

プラス!

立秋、秋風《あきかぜ》、秋空、秋の夜長《よなが》

地

くん ——

音 チ・ジ

プラス!

地声、地下、地上、地図《ちず》、地方《ちほう》、土地

黄

くん き

音 オウ

プラス!

黄金、黄色《きいろ》い声《こえ》、黄みどり色

冬

くん ふゆ

音 トウ

プラス!

冬みん、冬ごもり、冬休み、冬山

国

くん くに

音 コク

プラス!

外国《がいこく》、国王、国語《こくご》、国土、国道《こくどう》、国元《くにもと》

おまけ

カタカナかん字、とけるかな？

☆カタカナににているぶしゅでできた、かん字のクイズです。つぎのカタカナを合《あ》わせると、どんなかん字ができますか。□に書《か》きましょう。

〈れい〉

サ＋イ＋ヒ＝花

サ → 艹（くさかんむり）

イ → イ（にんべん）

ヒ → ヒ（ひ）

まず、にているぶしゅをさがそう

① ロ＋ロ＝□

② シ＋ノ＋ナ＋ロ＝□

③ ハ＋ヘ＋ロ＝□

④ ノ＋ロ＋ー＝□

のばしぼうを、よこにたおしてみて

答え：①回　②活　③谷　④白

読みがなを書こう

11 外国から来たりょう理

① 百年ほど前ⓐに日本に来ⓘたタピオカ。

ⓐ（　　）ⓘ（　　）

② ハヤシライスの作《つく》り方《かた》を語る。

（　　）

③ オムレツは、外来語だ。

（　　）

④ 口元にカレーがついているよ。

（　　）

⑤ 家《いえ》の外でトムヤムクンを食《た》べた。

（　　）

⑥ 午前中にハンバーガーがとどく。

（　　）

⑦ エビピラフを食べて、元気が出た。

（　　）

⑧ 町の外れの、よう食《しょく》店《てん》。

（　　）

かん字を書こう

11 外国から来たりょう理

① 百年ほどまえ（あ）に日本にきた（い）タピオカ。

あ［　　］　い［　　］

② ハヤシライスの作《つく》り方《かた》をかたる。

［　　］

③ オムレツは、がいらいごだ。

［　　］

④ くちもとにカレーがついているよ。

［　　］

⑤ 家《いえ》のそとでトムヤムクンを食《た》べた。

［　　］

⑥ ごぜん中にハンバーガーがとどく。

［　　］

⑦ エビピラフを食べて、げんきが出た。

［　　］

⑧ 町のはずれの、よう食店《しょくてん》。

［　　］

ミニ字てん

11 外国から来たりょう理

語

音　ゴ

くん　かた**る**　かた**らう**

プラス！

外国語《がいこくご》、国語《こくご》、日本語、語り手

来

音　ライ

くん　く**る**

プラス！

来月、来週《らいしゅう》、頭《あたま》に来る、がたが来る

前

音　ゼン

くん　まえ

プラス！

前回《ぜんかい》、前後《ぜんご》、前日、前半《ぜんはん》、手前、名前

外

音　ガイ

くん　そと　ほか　はず**す**　はず**れる**

プラス！

外国人、外野《がいや》、内外《ないがい》、思《おも》いの外

元

音　ゲン　ガン

くん　もと

プラス！

元日、足元、家元《いえもと》、火元、耳元、元手

読みがなを書こう

12 おうちで、よう食

① 食用あぶらであげたドーナツ。

② あげものは、多くのあぶらをつかう。

③ 家でハンバーグを作《つく》る。

④ あつ切り(あ)ステーキを切(い)だんした。

⑤ グラタンを、多少こがす。

⑥ 自家(あ)せいのチーズを用(い)いる。

⑦ ピザの上に、少しバジルをのせた。

⑧ 生ハムをうすく切る。

かん字を書こう

12 おうちで、よう食

① しょくようあぶらであげたドーナツ。

② あげものは、おおくのあぶらをつかう。

③ いえでハンバーグを作《つく》る。

④ あつぎりステーキをせつだんした。

⑤ グラタンを、たしょうこがす。

⑥ じかせいのチーズをもちいる。

⑦ ピザの上に、すこしバジルをのせた。

⑧ 生ハムをうすくきる。

ミニ字てん

12 おうちで、よう食

家

音 カ・ケ

くん いえ や

プラス！

一家、国家《こっか》、作家《さっか》、家《け》来《らい》、空き家、家さがし

多

音 タ

くん おおい

プラス！

夕は「肉《にく》」。肉がかさなって多いようす

用

音 ヨウ

くん もちいる

プラス！

活用《かつよう》、用語《ようご》、用じ、道《どう》ぐを用いる

少

音 ショウ

くん すくない すこし

プラス！

少女、少数《しょうすう》、少年、年少、少しばかり

切

音 セツ

くん きる きれる

プラス！

親切《しんせつ》、大切、切手、切れあじ

読みがなを書こう

13 だれかと食べるよう食

① 友だちの家《いえ》でパスタをいただいた。

② 肉《にく》を売買（あ）する友人（い）。

（あ）　（い）

③ 一番すきなのは、ハヤシライス。

④ 昼（あ）ごはんに、ポトフを買（い）う。

（あ）　（い）

⑤ 昼食はレストランに行《い》った。

⑥ この店《みせ》のてい番のランチセット。

⑦「朝食《ちょうしょく》は何を食《た》べたの？」

⑧「きのう、買ったパンだよ。」

かん字を書こう

13 だれかと食べるよう食

①ともだちの家《いえ》でパスタをいただいた。

②肉《にく》をばいばい（あ）するゆうじん（い）。

（あ）（い）

③いちばんすきなのは、ハヤシライス。

④ひるごはん（あ）に、ポトフをかう（い）。

（あ）（い）

⑤ちゅうしょくはレストランに行《い》った。

⑥この店《みせ》のていばんのランチセット。

⑦「朝食《ちょうしょく》はなにを食《た》べたの？」

⑧「きのう、かったパンだよ。」

ミニ字てん

13 だれかと食べるよう食

番

音 バン

くん ―

プラス!
交番、三番目、当番《とうばん》、番犬、番頭《ばんとう》、番人

買

音 バイ

くん かう

プラス!
「あみ」と貝。多《おお》くの貝を買いあつめること

友

音 ユウ

くん とも

プラス!
学友、交友《こうゆう》、親友《しんゆう》、竹馬《ちくば》の友、友だち

何

音 ―

くん なに なん

プラス!
何月何日、何時《なんじ》、何人、何食《く》わぬ顔《かお》

昼

音 チュウ

くん ひる

プラス!
一昼夜《いっちゅうや》、昼ごはん、昼下がり、昼間《ひるま》

読みがなを書こう

プロが作るよう食

① ロールキャベツはゆを通(あ)したキャベツをつかうと、広(い)く知(う)られている。

あ（　　）　い（　　）　う（　　）

② 一丸となってソースを作《つく》る。

（　　）

③ ピザきじを丸(あ)くうすく広(い)げる。

あ（　　）　い（　　）

④ 広こくに出ていたマルゲリータ。

（　　）

⑤ 知(あ)人は本当(い)のあじを知(う)っている。

あ（　　）　い（　　）　う（　　）

⑥ やさしい口当たりのポタージュ。

（　　）

⑦ 本場《ほんば》に通じるおいしさ。

（　　）

14 プロが作るよう食

① ロールキャベツはゆをとおしたキャベツをつかうと、ひろくしられている。

あ

い

う

② いちがんとなってソースを作《つく》る。

③ ピザきじをまるくうすくひろげる。

あ

い

④ こうこくに出ていたマルゲリータ。

⑤ ちじんはほんとうのあじをしっている。

あ

い

う

⑥ やさしいくちあたりのポタージュ。

⑦ 本《ほん》場《ば》につうじるおいしさ。

ミニ字てん

14 プロが作るよう食

知

音　チ

くん　し**る**

プラス！

知力、人見知り、
知る人ぞ知る

広

音　コウ

くん　ひろ**い**　ひろ**まる**　ひろ**める**　ひろ**げる**

プラス！

顔《かお》が広い、手を広げる、名を広める

通

音　ツウ

くん　とお**る**　とお**す**　かよ**う**

プラス！

通学、通行《つうこう》、通知、
通り道《みち》、目を通す

当

音　トウ

くん　あ**たる**　あ**てる**

プラス！

当日、当番《とうばん》、犬も歩《ある》
けばぼうに当たる

丸

音　ガン

くん　まる　まる**い**　まる**める**

プラス！

頭《あたま》を丸める、本丸、
丸顔、丸こげ、丸太《まるた》

読みがなを書こう

15 作ろうかな、買おうかな

① 人気のビーフコロッケが売っていた。
（　　）

② いものおいしさを引き出している。
（　　）

③ 電子レンジで作《つく》るグラタン。
（　　）

④ ポトフは弱火でコトコトにこむ。
（　　）

⑤ 手間(あ)と時間(い)をかけたギョウザ。
(あ)（　　）
(い)（　　）

⑥ カツべん当《とう》を売店で買《か》った。
（　　）

⑦ 弱点はりょう理《り》が下手《へた》なこと。
（　　）

⑧ 引火しないように気をつけて。
（　　）

かん字を書こう

15 作ろうかな、買おうかな

① 人気のビーフコロッケがうっていた。 〔　　〕

② いものおいしさをひき出している。 〔　　〕

③ でんしレンジで作《つく》るグラタン。 〔　　〕

④ ポトフはよわびでコトコトにこむ。 〔　　〕

⑤ てまとじかんをかけたギョウザ。 ⓐ〔　　〕 ⓘ〔　　〕

⑥ カツべん当《とう》をばいてんで買《か》った。 〔　　〕

⑦ じゃくてんはりょう理《り》が下手《へた》なこと。 〔　　〕

⑧ いんかしないように気をつけて。 〔　　〕

ミニ字てん

15 作ろうかな、買おうかな

電

音　デン

くん　―

プラス!
家電《かでん》、電気、電車、電話《でんわ》、電力

引

音　イン

くん　ひく　ひける

プラス!
引力、生き字引《じびき》、引き金、引き算《ざん》

売

音　バイ

くん　うる　うれる

プラス!
あぶらを売る、売りことばに買《か》いことば

間

音　カン　ケン

くん　あいだ　ま

プラス!
一週間《いっしゅうかん》、人間、あっという間、谷間《たにま》、間に合《あ》う

弱

音　ジャク

くん　よわい　よわる　よわまる　よわめる

プラス!
強弱《きょうじゃく》、弱小、気が弱い、弱音をはく

読みがなを書こう

16 わ食のあげもの

① 天ぷらのれきしについて思考する。
（　　）

② 夜食にからあげを食《た》べた。
（　　）

③ 夜(あ)おそい時(い)に食べない方《ほう》がいい。
あ（　　）
い（　　）

④ とんかつは日本人が考えた。
（　　）

⑤ 戸口でたぬきそばの出前《でまえ》をうけとる。
（　　）

⑥ 工ふうしてかきあげを作《つ》った。
（　　）

⑦ 図工(あ)の時間(い)に天ぷらの絵《え》をかく。
あ（　　）
い（　　）

⑧ 戸外までアジフライのかおり。
（　　）

かん字を書こう

16 わ食のあげもの

① 天ぷらのれきしについてしこうする。

〔　　〕〔　　〕

② やしょくにからあげを食《た》べた。

〔　　〕

③ よるおそいときに食べない方《ほう》がいい。

㋐〔　　〕 ㋑〔　　〕

④ とんかつは日本人がかんがえた。

〔　　〕

⑤ とぐちでたぬきそばの出前《でまえ》をうけとる。

〔　　〕

⑥ くふうしてかきあげを作《つく》った。

〔　　〕

⑦ ずこう㋐のじかん㋑に天ぷらの絵《え》をかく。

㋐〔　　〕 ㋑〔　　〕

⑧ こがいまでアジフライのかおり。

〔　　〕

ミニ字てん

16 わ食のあげもの

時

音 ジ

くん とき

プラス！

同時《どうじ》、日時、書《か》き入れ時、時は金なり

夜

音 ヤ

くん よ よる

プラス！

一夜、今夜《こんや》、十五夜、夜間《やかん》、月夜、夜中

考

音 コウ

くん かんが**える**

プラス！

考古学《こうこがく》、考え方《かた》、人間《にんげん》は考えるあしである

工

音 コウ ク

くん —

プラス！

工作《こうさく》、人工、大工

戸

音 コ

くん と

プラス！

一戸、戸数《こすう》、雨戸、人の口に戸は立てられぬ

17 読みがなを書こう

うなぎ大すき！

① うなぎはほそ長《なが》い体形だ。
（　　　　）

② うなぎをそだてる円い形(あ)の池(い)。
(あ)（　　　　）(い)（　　　　）

③ 池(あ)のライトの電池(い)を入れかえる。
(あ)（　　　　）(い)（　　　　）

④ 明朝にうなぎつりに行《い》く。
（　　　　）

⑤ 明(あ)け方《がた》の市場(い)でかばやきを買《か》う。
(あ)（　　　　）(い)（　　　　）

⑥ 止まらないおいしさ。
（　　　　）

⑦ 浜松《はままつ》市はうなぎでゆう名。
（　　　　）

⑧ うなぎまつりが中止になった。
（　　　　）

かん字を書こう

17 うなぎ大すき！

① うなぎはほそ長《なが》いたいけいだ。

② うなぎをそだてる円いかたちのいけ。

あ　い

③ いけのライトのでんちを入れかえる。

あ　い

④ みょうちょうにうなぎつりに行《い》く。

⑤ あけ方《がた》のいちばでかばやきを買《か》う。

あ　い

⑥ とまらないおいしさ。

⑦ 浜松《はままつ》しはうなぎでゆう名。

⑧ うなぎまつりがちゅうしになった。

ミニ字てん

17 うなぎ大すき！

明

音 メイ　ミョウ

くん あかり　あかるい　あきらか　あける

プラス！

明日（あした）、明後日（あさって）

池

音 チ

くん いけ

プラス！

池魚《ちぎょ》のわざわい、ぬま池にもハスの花

形

音 ケイ　ギョウ

くん かた　かたち

プラス！

円形、三角形《さんかくけい》、図形《ずけい》、人形、形見、手形

止

音 シ

くん とまる　とめる

プラス！

足止め、休止、口止め、止まり木

市

音 シ

くん いち

プラス！

朝市《あさいち》、魚市《うおいち》、市中、市長《しちょう》、市内《しない》、市立

読みがなを書こう

18 わ食作りにちょうせん！①

① ゴボウを細かく切《き》ってきんぴら。

② できたら、三つのさらに分ける。

③ きれいな細工のほうちょう。

④ カボチャを一刀りょうだん！

⑤ 刀のようなタチウオ。

⑥ 自分でいなりずしをにぎる。

⑦ 自らほうちょうをとぐ。

⑧ 三角形のおにぎりの丸《まる》い角。

あ

い

かん字を書こう

18 わ食作りにちょうせん！ ①

① ゴボウをこまかく切《き》ってきんぴら。

② できたら、三つのさらにわける。

③ きれいなさいくのほうちょう。

④ カボチャをいっとうりょうだん！

⑤ かたなのようなタチウオ。

⑥ じぶんでいなりずしをにぎる。

⑦ みずからほうちょうをとぐ。

⑧ ㋐さんかくけいのおにぎりの丸《まる》い㋑かど。

㋐

㋑

18 ミニ字てん わ食作りにちょうせん！ ①

刀

音 トウ

くん かたな

プラス！

牛刀《ぎゅうとう》、日本刀、木刀、名刀、小刀、かえす刀

分

音 ブン フン ブ

くん わ**ける** わか**れる** わか**る** わか**つ**

プラス！

気分、時分《じぶん》、草分け、分け前《まえ》

細

音 サイ

くん ほそ**い** ほそ**る** こまか こまか**い**

プラス！

「細い」「細かい」どこがちがうかな？

タチウオは「太刀魚《たちうお》」と書《か》くよ。太刀とは大きな刀《かたな》のこと。太刀ににている魚《さかな》だから、この名前《なまえ》がついたよ。

角

音 カク

くん かど つの

プラス！

四角形《しかくけい》、方角《ほうがく》、四つ角、まがり角

自

音 ジ・シ

くん みずか**ら**

プラス！

自作《じさく》、自首《じしゅ》、自白、自前《じまえ》、自力、自立

読みがなを書こう

19 わ食作りにちょうせん！ ②

① 午前中に、たきこみごはんをたく。

② 丸太㋐のように太㋑いサツマイモ。

㋐（　　　）　㋑（　　　）

③ 心もあたたまるブリだいこん。

④ エビの頭からいいだしがとれる。

⑤ 行《ぎょう》れつの先頭にならんで買《か》う。

⑥ ジャガイモは、ナス科の野《や》さいだ。

⑦ 牛《うし》の心ぞうをにこむ。

⑧ 教科書の通《とお》りに作《つく》る。

かん字を書こう

19 わ食作りにちょうせん！ ②

① ごぜん中に、たきこみごはんをたく。 〔　　〕

② (あ)まるたのように(い)ふといサツマイモ。 あ〔　　〕 い〔　　〕

③ こころもあたたまるブリだいこん。 〔　　〕

④ エビのあたまからいいだしがとれる。 〔　　〕

⑤ 行《ぎょう》れつのせんとうにならんで買《か》う。 〔　　〕

⑥ ジャガイモは、ナスかの野《や》さいだ。 〔　　〕

⑦ 牛《うし》のしんぞうをにこむ。 〔　　〕

⑧ きょうかしょの通《とお》りに作《つく》る。 〔　　〕

ミニ字てん

19 わ食作りにちょうせん！ ②

心

音 シン

くん こころ

プラス！

小心、中心、親心《おやごころ》、気心、心強《こころづよ》い

太

音 タイ、タ

くん ふと**い**、ふと**る**

プラス！

「とても大きい」といういみをもつ字

午

音 ゴ

くん ―

プラス！

午後《ごご》、正午、子午線《しごせん》

科

音 カ

くん ―

プラス！

科学、科目、内科《ないか》、理科《りか》、百科じてん

頭

音 トウ、ズ

くん あたま

プラス！

口頭、頭上、石頭、頭でっかち

読みがなを書こう

20 りょう理って、楽しい！

① オクラは、切《き》ると星形をしている。

② 土星のわっかは、ドーナツみたい。

③ 船の形《かたち》のさしみ用《よう》のおさら。

④ 南の海《うみ》でとれたマグロだ。

⑤ 船長Ⓐに魚《さかな》のさばき方《かた》を教Ⓘえてもらい、アジの南Ⓤばんづけを作《つく》る。

あ　い　う

⑥ 計算して作るのも大切《たいせつ》。

⑦ りょう理《り》教室に行《い》ってみたい。

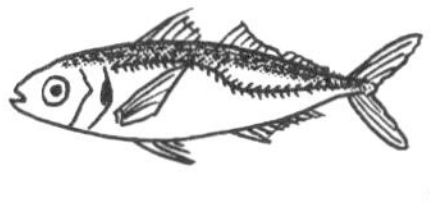

かん字を書こう

20 りょう理って、楽しい！

① オクラは、切《き》るとほしがたをしている。

〔　　〕

② どせいのわっかは、ドーナツみたい。

〔　　〕

③ ふねの形《かたち》のさしみ用《よう》のおさら。

〔　　〕

④ みなみの海《うみ》でとれたマグロだ。

〔　　〕

⑤ Ⓐせんちょうに魚《さかな》のさばき方《かた》をⒾおしえてもらい、Ⓤなんばんづけを作《つく》る。

あ〔　　〕

い〔　　〕

う〔　　〕

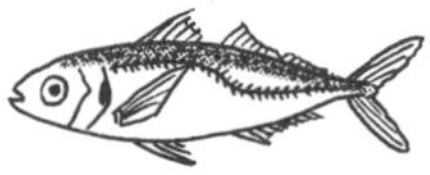

⑥ けいさんして作るのも大切《たいせつ》。

〔　　〕

⑦ りょう理《り》きょうしつに行《い》ってみたい。

〔　　〕

ミニ字てん

20 りょう理って、楽しい！

南

音　ナン

くん　みなみ

プラス！

南下、南国《なんごく》、東南《とうなん》アジア、南北《なんぼく》、南の島《しま》

船

音　セン

くん　ふね　ふな

プラス！

船頭《せんどう》、風船《ふうせん》、船たび、船出、船のり

星

音　セイ

くん　ほし

プラス！

海王星《かいおうせい》、星雲《せいうん》、木星、星空、ながれ星

算

音　サン

くん　—

プラス！

算数《さんすう》、たし算、ひき算、計算高《けいさんだか》い

教

音　キョウ

くん　おし**える**　おそ**わる**

プラス！

教科《きょうか》、教頭先生《きょうとうせんせい》、教本、教え子

おまけ

一をたして、へんしん！

☆つぎのかん字に一をたすと、べつのかん字になります。どんなかん字になるか、［　］に書《か》きましょう。

①大＋一＝［　　］

②十＋一＝［　　］

③日＋一＝［　　］

④人＋一＝［　　］

⑤白＋一＝［　　］

⑥土＋一＝［　　］

たとえば、二＋一＝三 になるよ

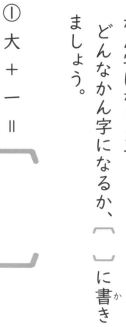

答え：①天　②土　③目　④大　⑤自　⑥王

21 読みがなを書こう
家で食べる中かりょう理

① 羽つきぎょうざはおいしい。（　　）

② 顔ほど大きなジャンボ肉《にく》まん。（　　）

③ チャーハンは強火で作《つく》る。（　　）

④ 百点（あ）まん点（い）のタンタンメン。

あ（　　）　い（　　）

⑤ 今週の日曜日《にちようび》はラーメンだ。（　　）

⑥ 天しんはんの作り方《かた》をべん強。（　　）

⑦ 顔めんにコチュジャンがかかった。（　　）

⑧ 強いしげきのマーボーどうふ。（　　）

かん字を書こう

21 家で食べる中かりょう理

① はねつきぎょうざはおいしい。

② かおほど大きなジャンボ肉《にく》まん。

③ チャーハンはつよびで作《つく》る。

④ ひゃくてんまんてんのタンタンメン。（あ ひゃくてん）（い まんてん）

Ⓐ　Ⓘ

⑤ こんしゅうの日曜日《にちようび》はラーメンだ。

⑥ 天しんはんの作り方《かた》をべんきょう。

⑦ がんめんにコチュジャンがかかった。

⑧ つよいしげきのマーボーどうふ。

ミニ字てん

21 家で食べる中かりょう理

強

音 キョウ

くん つよい　つよまる　つよめる

プラス！

強風《きょうふう》、強力、風当《かぜあ》たりが強い、強気

顔

音 ガン

くん かお

プラス！

顔色《かおいろ》、顔がきく、顔が広《ひろ》い

羽

音 ―

くん は　はね

プラス！

十羽、白羽の矢《や》が立つ、羽音、羽をのばす

週

音 シュウ

くん ―

プラス！

一週間《いっしゅうかん》、先週、毎週《まいしゅう》、来週《らいしゅう》

点

音 テン

くん ―

プラス！

合点《がってん》、原点《げんてん》、地点《ちてん》、点火、点字、同点《どうてん》

22 読みがなを書こう

中かりょう理をおもち帰り

① 一台の車でシュウマイを売《う》る。

② あんまんを買《か》って、公園で食《た》べた。

③ つつんでいた紙は、ゴミばこへ。

④ 台風㋐の中で、買って帰㋑った。

㋐

㋑

⑤ 紙のはこにペキンダックを入れる。

⑥ 紙へいで、だい金をしはらった。

⑦ あの店長《てんちょう》は、帰国したそうだ。

⑧ 園長先生がごまだんごをくれた。

かん字を書こう

22 中かりょう理をおもち帰り

① いちだいの車でシュウマイを売《う》る。

〔　　〕

② あんまんを買《か》って、こうえんで食《た》べた。

〔　　〕

③ つつんでいたかみは、ゴミばこへ。

〔　　〕

④ ㋐たいふうの中で、買って㋑かえった。

㋐〔　　〕

㋑〔　　〕

⑤ かみのはこにペキンダックを入れる。

〔　　〕

⑥ しへいで、だい金をしはらった。

〔　　〕

⑦ あの店長《てんちょう》は、きこくしたそうだ。

〔　　〕

⑧ えんちょう先生がごまだんごをくれた。

〔　　〕

ミニ字てん

22 中かりょう理をおもち帰り

園

音 エン

くん ―

プラス！

どうぶつ園、入園、ゆう園地《えんち》

公

音 コウ

くん ―

プラス！

公正、公立
工場（コウば・コウジョウ）

台

音 ダイ タイ

くん ―

プラス！

大台にのる、台風《たいふう》の目、高台《たかだい》、台本、土台

帰

音 キ

くん かえる かえす

プラス！

帰国子女《きこくしじょ》、水ほうに帰する、帰り道《みち》

紙

音 シ

くん かみ

プラス！

新聞紙《しんぶんし》、白紙、半紙《はんし》、おり紙、ちり紙

読みがなを書こう

23 高級中かりょう理 ①

① 一月の半ばに食《た》べに行《い》った。（　）

② 店《みせ》は、古風なたてものだった。（　）

③ 中国《ちゅうごく》で古くからのまれるウーロン茶《ちゃ》。（　）

④ フカヒレスープで体をあたためる。（　）

⑤ 毛ガニのかに玉がおいしかった。（　）

⑥ 毛㋐ガニには体毛㋑が生えている。㋐（　）㋑（　）

⑦ 二人で半分に分《わ》けて食べた。（　）

⑧ しあわせな時間《じかん》は矢のようにすぎた。（　）

かん字を書こう

23 高級中かりょう理 ①

① 一月のなかばに食《た》べに行《い》った。

② 店《みせ》は、こふうなたてものだった。

③ 中国《ちゅうごく》でふるくからのまれるウーロン茶《ちゃ》。

④ フカヒレスープでからだをあたためる。

⑤ けガニのかに玉がおいしかった。

⑥ け(あ)ガニにはたいもう(い)が生えている。

あ

い

⑦ 二人ではんぶんに分《わ》けて食べた。

⑧ しあわせな時間《じかん》はやのようにすぎた。

ミニ字てん

23 高級中かりょう理 ①

体

音 タイ

くん からだ

プラス!

一心同体《いっしんどうたい》、気体、人体、体力、体中

古

音 コ

くん ふる**い**　ふる**す**

プラス!

太古《たいこ》、中古、友《とも》とさけは古いほどよい

半

音 ハン

くん なか**ば**

プラス!

前半《ぜんはん》、後半《こうはん》、半年、半日、道半《みちなか》ば

矢

音 ―

くん や

プラス!

弓矢《ゆみや》、矢じるし、白羽《しらは》の矢が立つ

毛

音 モウ

くん け

プラス!

九牛《きゅうぎゅう》の一毛、毛糸、毛色《けいろ》、毛玉、毛虫

読みがなを書こう

24 高級中かりょう理 ②

① 円たくを回《まわ》して遠くのさらをとる。
（　　　）

② どのメニューにするか、思あんする。
（　　　）

③ フカヒレの原りょうは、サメのヒレ。
（　　　）

④ ペキンダックが一番《いちばん》おいしいと思う。
（　　　）

⑤ 海原は、食《しょく》ざいのたからばこ。
（　　　）

「うみはら」じゃない
とくべつな読《よ》み方《かた》だよ

⑥ 五目おこわを食《た》べているあの方㋐は、遠㋑方からのおきゃくさま。
㋐（　　　）
㋑（　　　）

⑦ おねだんは、一万円だった。
（　　　）

かん字を書こう

24 高級中かりょう理 ②

① 円たくを回《まわ》してとおくのさらをとる。

② どのメニューにするか、しあんする。

③ フカヒレのげんりょうは、サメのヒレ。

④ ペキンダックが一番《いちばん》おいしいとおもう。

⑤ うなばらは、食《しょく》ざいのたからばこ。

⑥ 五目おこわを食《た》べているあのかた(あ)は、えんぽう(い)からのおきゃくさま。

(あ)

(い)

⑦ おねだんは、いちまんえんだった。

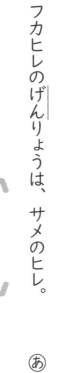

ミニ字てん

24 高級中かりょう理 ②

原

音 ゲン

くん はら

プラス!

高原《こうげん》、原子、野原《のはら》、草原（ソウゲン、くさはら）

思

音 シ

くん おも**う**

プラス!

思考《しこう》、思い出、思いやり

遠

音 エン

くん とお**い**

プラス!

遠近《えんきん》、遠心力《えんしんりょく》、遠足、遠出、遠回《とおまわ》り

万

音 マン

くん ―

プラス!

千万、万が一、ツルは千年カメは万年

方

音 ホウ

くん かた

プラス!

正方形《せいほうけい》、地方《ちほう》、方角《ほうがく》、親方《おやかた》、書《か》き方

読みがなを書こう

25 日本の色んな食べもの

① パリッと音が鳴るげきからせんべい。

② いがひ鳴を上げるからさだ。

おなかいっぱいのとき、ふくらんでいるところだよ

③ きょう里ⓐから、里ⓘいもがとどいた。

ⓐ（　　）ⓘ（　　）

④ きれいな谷川でそだったワサビ。

⑤ 地下室でそだてる東京《とうきょう》ウド。

⑥ 茶道《さどう》教室ⓐに入門ⓘした。

ⓐ（　　）ⓘ（　　）

⑦ 茶道の名門ⓐが門戸ⓘをひらく。

ⓐ（　　）ⓘ（　　）

⑧ 谷あいの村でアケビがとれる。

かん字を書こう

25 日本の色んな食べもの

① パリッと音がなるげきからせんべい。

② いがひめいを上げるからさだ。

おなかいっぱいのとき、ふくらんでいるところだよ

③ きょうりから、さといもがとどいた。

㋐ ㋑

④ きれいなたにがわでそだったワサビ。

⑤ ちかしつでそだてる東京《とうきょう》ウド。

⑥ 茶道《さどう》きょうしつ㋐ににゅうもん㋑した。

㋐ ㋑

⑦ 茶道のめいもん㋐がもんこ㋑をひらく。

㋐ ㋑

⑧ たにあいの村でアケビがとれる。

ミニ字てん

25 日本の色んな食べもの

谷

音 ―

くん たに

プラス！

谷風《たにかぜ》、谷間《たにま》、おちれば同《おな》じ谷川の水

里

音 リ

くん さと

プラス！

海里《かいり》、千里の道《みち》も一《いっ》歩《ぽ》より、山里、人里

鳴

音 メイ

くん な**く**　な**る**　な**らす**

プラス！

うでが鳴る、むねの高鳴《たかな》り、ゆびを鳴らす

門

音 モン

くん ―

プラス！

一門、校門、同門《どうもん》、名門、門下生、門番《もんばん》

室

音 シツ

くん ―

プラス！

王室、右心室《うしんしつ》、室外《しつがい》、室内《しつない》、茶室《ちゃしつ》、入室

読みがなを書こう

26 もっとおいしくなるね

① 汽車で食《た》べるえきべんとビール。

（　　　）

② しおは雪のように白い。

（　　　）

③ 岩石のような、ピンクのしお。

（　　　）

④ 岩ガキにレモンをかけた。

（　　　）

⑤ みそしるにはちみつを計り入れる。

（　　　）

⑥ 計りょうスプーンでさとうを足す。

（　　　）

⑦ ㋐歌手の㋑歌声を聞《き》くディナーショー。

㋐（　　　）　㋑（　　　）

⑧ さむい雪原で食べるラーメン。

（　　　）

かん字を書こう

26 もっとおいしくなるね

① きしゃで食《た》べるえきべんとビール。

〔　　　〕

② しおはゆきのように白い。

〔　　　〕

③ がんせきのような、ピンクのしお。

〔　　　〕

④ いわガキにレモンをかけた。

〔　　　〕

⑤ みそしるにはちみつをはかり入れる。

〔　　　〕

⑥ けいりょうスプーンでさとうを足す。

〔　　　〕

⑦ (あ)かしゅのうた(い)ごえを聞《き》くディナーショー。

(あ)〔　　　〕

(い)〔　　　〕

⑧ さむいせつげんで食べるラーメン。

〔　　　〕

ミニ字てん

26 もっとおいしくなるね

岩

音 ガン

くん いわ

プラス！

岩場《いわば》、岩山、大岩、ねん力岩をも通《とお》す

雪

音 セツ

くん ゆき

プラス！

新雪《しんせつ》、雪月花、大雪、雪だるま

汽

音 キ

くん ―

プラス！

汽車はじょう気きかん車（SL）が引《ひ》くよ。

歌

音 カ

くん うた　うた**う**

プラス！

歌人、校歌、国歌《こっか》、かえ歌、はな歌

計

音 ケイ

くん はか**る**　はか**らう**

プラス！

会計《かいけい》、計画《けいかく》、計算《けいさん》、合計《ごうけい》、長《なが》さを計る

読みがなを書こう

27 おいしいカレー店

① 新聞でカレー大会《たいかい》の記《き》じを読んだ。

あ（　　）　い（　　）

② 弓なりの道《みち》ぞいの、交さ点《てん》をまがった広場のとなりにあるカレー店《てん》。

あ（　　）　い（　　）　う（　　）

③ もち麦《むぎ》を交ぜたビーフカレーがおいしいと聞いた。

あ（　　）　い（　　）

④ 兄《あに》と同じカツカレーをたのんだ。

（　　）

⑤ みんなの分《ぶん》が同時にはこばれてきた。

（　　）

⑥ 読書しながら食《た》べる人もいた。

（　　）

⑦ 聞きしにまさるおいしさだった。

（　　）

かん字を書こう

27 おいしいカレー店

① しんぶんでカレー大会《たいかい》の記《き》じをよんだ。

あ〔　　〕　い〔　　〕

② ゆみなりの道《みち》ぞいの、こうさ点《てん》をまがったひろばのとなりにあるカレー店《てん》。

あ〔　　〕　い〔　　〕　う〔　　〕

③ もち麦《むぎ》をまぜたビーフカレーがおいしいときいた。

あ〔　　〕　い〔　　〕

④ 兄《あに》とおなじカツカレーをたのんだ。

〔　　〕

⑤ みんなの分《ぶん》がどうじにはこばれてきた。

〔　　〕

⑥ どくしょしながら食《た》べる人もいた。

〔　　〕

⑦ ききしにまさるおいしさだった。

〔　　〕

ミニ字てん

27 おいしいカレー店

弓

音 ―

くん ゆみ

プラス！

弓形《ゆみがた》、弓矢《ゆみや》、弓を引《ひ》く

読

音 ドク トク トウ

くん よ**む**

プラス！

音読、読点《とうてん》、空気を読む

聞

音 ブン

くん き**く** き**こえる**

プラス！

外聞《がいぶん》、新聞紙《しんぶんし》、聞き耳を立てる

同

音 ドウ

くん おな**じ**

プラス！

一同、一心同体《いっしんどうたい》、合同《ごうどう》、同音、同行《どうこう》、同い年

場

音 ジョウ

くん ば

プラス！

会場《かいじょう》、場外《じょうがい》、場内《じょうない》、入場、足場、立場

交

音 コウ

くん まじ**わる** まじ**える** ま**じる** ま**ざる** ま**ぜる**

プラス！

交通《こうつう》、交番《こうばん》、水魚《すいぎょ》の交わり

読みがなを書こう

28 こくもつ、いろいろ

① お寺の前《まえ》にある、そばやに行《い》った。

② 寺社のさん道《どう》で売《う》っているだんご。

③ 直（あ）ちに社（い）にまめをそなえる。

④ 直（あ）せつ小麦《こむぎ》を会社（い）にはこぶ。

⑤ 日光（あ）をうけて光（い）るイネ。

⑥ イネかりで、首にあせをかく。

⑦ パンどろぼうが自首した。

⑧ うどんを方言（あ）でぴっぴと言（い）う。

かん字を書こう

28 こくもつ、いろいろ

① おてらの前《まえ》にある、そばやに行《い》った。

〔　　〕

② じしゃのさん道《どう》で売《う》っているだんご。

〔　　〕

③ ただちに(あ)やしろ(い)にまめをそなえる。

あ〔　　〕 い〔　　〕

④ ちょくせつ(あ)小《こ》麦《むぎ》をかいしゃ(い)にはこぶ。

あ〔　　〕 い〔　　〕

⑤ にっこう(あ)をうけてひかる(い)イネ。

あ〔　　〕 い〔　　〕

⑥ イネかりで、くびにあせをかく。

〔　　〕

⑦ パンどろぼうがじしゅした。

〔　　〕

⑧ うどんをほうげん(あ)でぴっぴという(い)。

あ〔　　〕 い〔　　〕

ミニ字てん

28 こくもつ、いろいろ

直

音 チョク、ジキ

くん ただ**ちに**、なお**す**、なお**る**

プラス！

正直、直線《ちょくせん》、人のふり見てわがふり直せ

社

音 シャ

くん やしろ

プラス！

社会《しゃかい》、社寺、社食《しゃしょく》、村外《むらはず》れの小さな社

寺

音 ジ

くん てら

プラス！

東大寺《とうだいじ》、山寺、古寺（コジ、ふるでら）

言

音 ゲン、ゴン

くん い**う**、こと

プラス！

言外《ごんがい》、言語《げんご》、公言《こうげん》、体言《たいげん》、名言、ひとり言

首

音 シュ

くん くび

プラス！

元首《げんしゅ》、頭首《とうしゅ》、足首、手首、首が回《まわ》らない

光

音 コウ

くん ひか**る**、ひかり

プラス！

月光、光線、親《おや》の七光り、光るほど鳴《な》らぬ

読みがなを書こう

29 おやつを楽しもう

① 絵（あ）画コンクールに出したリンゴの絵（い）。

② 日記（あ）におはぎの作《つく》り方《かた》を記（い）す。

③ いっしょに食《た》べようと声をかけた。

④ 図書室でケーキの本をかりる。

⑤ 金たろうあめのだんめん図。

⑥ おやつのアンケートに回答する。

⑦ おやつ会社《がいしゃ》が名声を手に入れた。

⑧ せかいのスイーツクイズに答える。

29 おやつを楽しもう

① かいが(あ)コンクールに出したリンゴのえ(い)。

あ〔　　〕 い〔　　〕

② にっき(あ)におはぎの作《つく》り方《かた》をしるす(い)。

あ〔　　〕 い〔　　〕

③ いっしょに食《た》べようとこえをかけた。

〔　　〕

④ としょしつでケーキの本をかりる。

〔　　〕

⑤ 金たろうあめのだんめんず。

〔　　〕

⑥ おやつのアンケートにかいとうする。

〔　　〕

⑦ おやつ会社《がいしゃ》がめいせいを手に入れた。

〔　　〕

⑧ せかいのスイーツクイズにこたえる。

〔　　〕

ミニ字てん

29 おやつを楽しもう

記

音 キ

くん しる**す**

プラス！

記入、記名、書記《しょき》、書《か》き記す

画

音 ガ カク

くん —

プラス！

画数《かくすう》、画家《がか》、画角《がかく》、計画《けいかく》、図画工作《ずがこうさく》

絵

音 カイ エ

くん —

プラス！

絵心《えごころ》、絵日記《えにっき》、絵本、絵のぐ、ぬり絵

答

音 トウ

くん こた**える** こた**え**

プラス！

正答、名答、口答え、答え合《あ》わせ

図

音 ズ・ト

くん —

プラス！

作図《さくず》、図形《ずけい》、図工《ずこう》、地図《ちず》、天気図

声

音 セイ

くん こえ

プラス！

音声、声明文《せいめいぶん》、大声、小声、声を大にする

読みがなを書こう

30 夏休みの思い出

①
晴天（あ）の日に、アイスクリームを買《か》いに走（い）ってコンビニに行《い》った。

（あ）（　　）
（い）（　　）

②
プールで弟《おとうと》ときょう走した。

（　　）

③
五才（あ）の妹《いもうと》と、書店（い）に行った。

（あ）（　　）
（い）（　　）

④
晴れた日に海《うみ》でスイカわり。

（　　）

⑤
電車《でんしゃ》の線ろ（あ）のことを日記《にっき》に書（い）いた。

（あ）（　　）
（い）（　　）

⑥
そうめんとめんつゆの組み合《あ》わせ。

（　　）

⑦
ゴーヤはひふの組しきによい。

（　　）

かん字を書こう

30 夏休みの思い出

① ㋐せいてんの日に、アイスクリームを買《か》いに㋑はしってコンビニに行《い》った。

㋐［　　］ ㋑［　　］

② プールで弟《おとうと》ときょうそうした。

［　　］

③ ㋐ごさいの妹《いもうと》と、㋑しょてんに行った。

㋐［　　］ ㋑［　　］

④ はれた日に海《うみ》でスイカわり。

［　　］

⑤ 電車《でんしゃ》の㋐せんろのことを日記《にっき》に㋑かいた。

㋐［　　］ ㋑［　　］

⑥ そうめんとめんつゆのくみ合《あ》わせ。

［　　］

⑦ ゴーヤはひふのそしきによい。

［　　］

ミニ字てん

30 夏休みの思い出

才

音 サイ

くん ―

プラス！

才気、才女、才知《さいち》、多才《たさい》、天才、文才

走

音 ソウ

くん はしる

プラス！

走行《そうこう》、走力、百メートル走、力走、小走り

晴

音 セイ

くん はれる　はらす

プラス！

お「日」さまと「青」い空でできた字！

組

音 ソ

くん くむ　くみ

プラス！

組せい、赤組、白組、二年三組、ほね組み

線

音 セン

くん ―

プラス！

一線を画《かく》す、線引《せんび》き、点線《てんせん》、白線、本線

書

音 ショ

くん かく

プラス！

教科書《きょうかしょ》、書家《しょか》、読書《どくしょ》、書き方《かた》、手書き

読みがなを書こう

31 わたしの家では…

① 「わたがしは、雲（あ）みたいな形《かたち》をしているね。」と妹《いもうと》が話（い）した。

（あ）（　　）　（い）（　　）

② 会話を楽《たの》しみながら食《しょく》じをする。

（　　）

③ 父《ちち》は、毎日みそしるをのむ。

（　　）

④ なっとうのタレは、後からかける。

（　　）

⑤ おじいちゃんは、歩数計（あ）をつけて公園《こうえん》を歩（い）いてから、朝食《ちょうしょく》をとる。

（あ）（　　）　（い）（　　）

⑥ 午後（あ）に姉《あね》に会（い）って、おかしを買《か》う。

（あ）（　　）　（い）（　　）

⑦ 母《はは》の会社におべん当《とう》をとどける。

（　　）

かん字を書こう

31 わたしの家では…

① 「わたがしは、(あ)くもみたいな形《かたち》をしているね。」と妹《いもうと》が(い)はなした。

あ［　　］ い［　　］

② かいわを楽《たの》しみながら食《しょく》じをする。

［　　］

③ 父《ちち》は、まいにちみそしるをのむ。

［　　］

④ なっとうのタレは、あとからかける。

［　　］

⑤ おじいちゃんは、(あ)ほすうけいをつけて公園《こうえん》を(い)あるいてから、朝食《ちょうしょく》をとる。

あ［　　］ い［　　］

⑥ (あ)ごごに姉《あね》に(い)あって、おかしを買《か》う。

あ［　　］ い［　　］

⑦ 母《はは》のかいしゃにおべん当《とう》をとどける。

［　　］

ミニ字てん

31 わたしの家では…

会

音 カイ

くん あ**う**

プラス!

教会《きょうかい》、会食《かいしょく》、会心《かいしん》、会場《かいじょう》、出会い

話

音 ワ

くん はな**す**、はなし

プラス!

手話、通話《つうわ》、小話、話に花がさく

雲

音 ウン

くん くも

プラス!

雲海《うんかい》、風雲《ふううん》、雨雲、うろこ雲、入道雲《にゅうどうぐも》

歩

音 ホ

くん ある**く**、あゆ**む**

プラス!

一歩、半歩、歩行《ほこう》、歩道、牛《うし》の歩み

後

音 ゴ、コウ

くん のち、うし**ろ**、あと

プラス!

雨後《うご》晴《ば》れ、後半《こうはん》、後日、食後《しょくご》、後足

毎

音 マイ

くん —

プラス!

毎回《まいかい》、毎週《まいしゅう》、毎食、毎月、毎年、毎分《まいふん》

学力の基礎をきたえどの子も伸ばす研究会

HPアドレス　http://gakuryoku.info/

常任委員長　岸本ひとみ
事務局　〒675-0032 加古川市加古川町備後178-1-2-102 岸本ひとみ方　☎・Fax 0794-26-5133

① めざすもの

私たちは、すべての子どもたちが、日本国憲法と子どもの権利条約の精神に基づき、確かな学力の形成を通して豊かな人格の発達が保障され、民主平和の日本の主権者として成長することを願っています。しかし、発達の基盤ともいうべき学力の基礎を鍛えられないまま落ちこぼれている子どもたちが普遍化し、「荒れ」の情況があちこちで出てきています。

私たちは、「見える学力、見えない学力」を共に養うこと、すなわち、基礎の学習をやり遂げさせることと、読書やいろいろな体験を積むことを通して、子どもたちが「自信と誇りとやる気」を持てるようになると考えています。

私たちは、人格の発達が歪められている情況の中で、それを克服し、子どもたちが豊かに成長するような実践に挑戦します。

そのために、つぎのような研究と活動を進めていきます。

① 「読み・書き・計算」を基軸とした学力の基礎をきたえる実践の創造と普及。
② 豊かで確かな学力づくりと子どもを励ます指導と評価の探究。
③ 特別な力量や経験がなくても、その気になれば「いつでも・どこでも・だれでも」ができる実践の普及。
④ 子どもの発達を軸とした父母・国民・他の民間教育団体との協力、共同。

私たちの実践が、大多数の教職員や父母・国民の方々に支持され、大きな教育運動になるよう地道な努力を継続していきます。

② 会　　員

- 本会の「めざすもの」を認め、会費を納入する人は、会員になることができる。
- 会費は、年4000円とし、7月末までに納入すること。①または②

①郵便振替　口座番号　00920-9-319769 名　　称　学力の基礎をきたえどの子も伸ばす研究会	②ゆうちょ銀行 店番099　店名〇《ゼロ》九《キュウ》九《キュウ》店　当座0319769

- 特典　研究会をする場合、講師派遣の補助を受けることができる。
  大会参加費の割引を受けることができる。
  学力研ニュース、研究会などの案内を無料で送付してもらうことができる。
  自分の実践を学力研ニュースなどに発表することができる。
  研究の部会を作り、会場費などの補助を受けることができる。
  地域サークルを作り、会場費の補助を受けることができる。

③ 活　　動

全国家庭塾連絡会と協力して以下の活動を行う。

- 全国大会　全国の研究、実践の交流、深化をはかる場とし、年１回開催する。通常、夏に行う。
- 地域別集会　地域の研究、実践の交流、深化をはかる場とし、年１回開催する。
- 合宿研究会　研究、実践をさらに深化するために行う。
- 地域サークル　日常の研究、実践の交流、深化の場であり、本会の基本活動である。
  可能な限り月１回の月例会を行う。
- 全国キャラバン　地域の要請に基づいて講師派遣をする。

全国家庭塾連絡会

① めざすもの

私たちは、日本国憲法と教育基本法の精神に基づき、すべての子どもたちが確かな学力と豊かな人格を身につけて、わが国の主権者として成長することを願っています。しかし、わが子も含めて、能力があるにもかかわらず、必要な学力が身につかないままになっている子どもたちがたくさんいることに心を痛めています。

私たちは学力研が追究している教育活動に学びながら、「全国家庭塾連絡会」を結成しました。

この会は、わが子に家庭学習の習慣化を促すことを主な活動内容とする家庭塾運動の交流と普及を目的としています。

私たちの試みが、多くの父母や教職員、市民の方々に支持され、地域に根ざした大きな運動になるよう学力研と連携しながら努力を継続していきます。

② 会　　員

本会の「めざすもの」を認め、会費を納入する人は会員になれる。
会費は年額1500円とし（団体加入は年額3000円）、8月末までに納入する。
会員は会報や連絡交流会の案内、学力研集会の情報などをもらえる。

事務局　〒564-0041 大阪府吹田市泉町4-29-13 影浦邦子方　☎・Fax 06-6380-0420
郵便振替　口座番号　00900-1-109969　　名称　全国家庭塾連絡会

漢字とイメージがむすびつく！ たべもの漢字ドリル　小学２年生

2022年３月10日　発行
●著者／深澤 英雄
●発行者／面屋 尚志
●発行所／フォーラム・A
〒530-0056 大阪市北区兎我野町15-13-305
TEL／06-6365-5606　FAX／06-6365-5607
振替／00970-3-127184
●印刷／尼崎印刷株式会社
●製本／株式会社高廣製本
●デザイン／美濃企画株式会社
株式会社髙木新盛堂
●制作担当編集／樫内 真名生
●企画／清風堂書店
●HP／http://foruma.co.jp/
※乱丁・落丁本はおとりかえいたします。